Antipasti

Lucia Pantaleoni

Photographies Valéry Guedes

Stylisme Natacha Arnoult
assistée de Margot Lhomme

SOLAR
EDITIONS

Si vous souhaitez recevoir notre catalogue et être tenu au courant
de nos publications, envoyez-nous vos nom et adresse, en citant
ce livre et en précisant les domaines qui vous intéressent.

Éditions SOLAR
12, avenue d'Italie
75013 Paris

Internet : www.solar.fr

Direction littéraire : Corinne Cesano
Édition : Delphine Depras
Responsable artistique : Vu Thi
Graphisme : Julia Philipps
Collaboratrice éditoriale : Magali Marquet
Mise en pages : Chantal Guézet, Encre Blanche
Photogravure : Point 4

ISBN : 978-2-263-04625-4
Code éditeur : S04625/02
Dépôt légal : avril 2009
Imprimé en France par Pollina - n° L55390
Suite du premier tirage

Sommaire

Introduction 5

En famille 6

Entre amis 24

Petits dîners 44

Les petits + gourmands 62

Introduction

En italien, « antipasto » (hors-d'œuvre) signifie littéralement « avant les repas » ; il a pour vocation de stimuler l'appétit et peut être chaud ou froid. Parmi les antipasti froids, citons la salade russe, la charcuterie accompagnée de légumes au vinaigre, les poissons marinés ou en gelée, le jambon ou le melon... Fruits de mer gratinés, tartes salées ou vol-au-vent sont des exemples d'antipasti chauds.
L'antipasto diffère selon les régions : en Toscane, on trouvera les « crostini » (petites tranches de pain grillé accompagnées de crèmes, de mousses ou de pâtés) ; au centre du pays, la « bruschetta » ; en Lombardie, la salade de pied de veau aux oignons ; dans le Piémont, la « bagna cauda » ; dans les Pouilles, la salade de petites seiches crues.
Le mot « antipasto » apparaît pour la première fois au XVIe siècle pour désigner des plats de charcuterie, de poisson fumé et de petits pains. Antoine Carême, dont le mérite est d'avoir repensé et codifié la grande cuisine, voulait que l'antipasto soit servi au cours du déjeuner et au dîner après la soupe, mais cette règle ne fut jamais respectée. En Italie, à partir de 1900, l'antipasto a en effet toujours précédé les autres mets, soit dans le cadre d'un repas familial, soit à l'occasion de circonstances plus formelles.
Aujourd'hui, l'antipasto n'est pas présent systématiquement sur les tables italiennes. Parfois, s'il est là, c'est pour remplacer l'entrée, le repas étant alors constitué de l' « antipasto » et du « secondo » ; on trouve également la combinaison « antipasto » et « primo » sans « secondo ». L'antipasto n'en demeure pas moins le roi des repas importants et des cérémonies.

Salade tiède de la mer

Pour 4 personnes

500 g de moules

100 g de calamars

100 g de crevettes roses

8 langoustines

1 bouquet de persil plat

1 citron

1 piment

2 gousses d'ail

1/2 verre de vin blanc sec

6 cuill. à soupe d'huile d'olive extra-vierge

Sel, poivre en grains

Vous pouvez accompagner cette salade de tranches de pain grillé frotté avec de l'ail.

- Mettez à bouillir une grande quantité d'eau avec 2 tranches de citron, 2 brins de persil et 3 grains de poivre.
- Pendant ce temps, nettoyez les calamars à l'eau claire en retirant la membrane qui les recouvre, la tête, les intestins et la plume centrale puis coupez-les en rondelles de 2 cm environ ; réservez.
- Décortiquez les langoustines et retirez l'intestin en tirant sur l'extrémité de la queue ; réservez.
- Lavez et hachez les feuilles de persil restantes.
- Pelez et hachez l'ail après avoir retiré le germe. Réservez.
- Grattez les moules et faites-les ouvrir dans une poêle à feu vif avec l'équivalent de 1 gousse d'ail et le 1/2 verre de vin blanc sec. Réservez.
- Décortiquez les moules et réservez 3 cuillerées à soupe de leur jus.
- Faites cuire dans l'eau bouillante les calamars, les langoustines et les crevettes pendant 4 minutes.
- Émiettez le piment.
- Dans un bol, battez avec une fourchette le jus de 1 demi-citron, l'huile d'olive, le restant d'ail, le piment, une pincée de sel et le jus des moules.
- Égouttez soigneusement les calamars, les crevettes et les langoustines et déposez-les dans un plat.
- Ajoutez les moules, assaisonnez avec la sauce et servez en portions.

Verrine de mousse de morue à la vénitienne

Pour 4 personnes

500 g de morue dessalée (variété Gadus morhua)

1 bouquet de persil plat

1 gousse d'ail

5 cl de lait entier chaud

12,5 cl environ d'huile d'olive extra-vierge

Sel, poivre du moulin

C'est l'emblème de la cuisine vénitienne. Cette recette est une variante libre, l'originale étant sans lait.

- Plongez la morue dans une casserole remplie d'eau froide. Portez à ébullition en prenant soin d'éliminer l'écume au fur et à mesure.
- Dès l'ébullition, éteignez le feu.
- Couvrez et laissez reposer 20 minutes environ. Si au bout de ce temps la morue devait être encore dure, remettez-la à cuire 10 minutes.
- Lavez et hachez les feuilles de persil ; réservez.
- Épluchez, dégermez et hachez l'ail ; réservez.
- Égouttez la morue, pelez-la, enlevez les arêtes et émiettez la chair que vous placerez dans le bol du mixeur.
- Versez au fur et à mesure dans le mixeur le lait chaud, puis l'huile d'olive jusqu'à obtention d'une consistance mousseuse.
- Ajoutez du sel, du poivre, l'ail, le persil haché et mélangez le tout.
- Partagez la mousse de morue dans 4 verrines accompagnées de tranches de pain – ou de polenta – grillé.

Poivrons farcis aux légumes

Pour 4 personnes

500 g d'aubergines

1 poivron rouge

1 poivron jaune

4 feuilles moyennes de basilic

15 g de pecorino (fromage de brebis affiné) en copeaux

60 g d'olives taggiasche

1 cuill. à soupe de câpres au sel

2 cuill. à soupe d'huile d'olive extra-vierge

Sel

Les olives taggiasche pulpeuses et charnues viennent de la Ligurie. Ce sont les moines bénédictins de Taggia qui modernisèrent les méthodes de culture, voilà pourquoi les olives liguriennes sont appelées olives « taggiasche ».

- Coupez les poivrons en deux, éliminez les graines et les filaments. Réservez.
- Préchauffez le four à 180 °C (th. 6).
- Lavez, puis coupez les aubergines en petits dés et faites-les revenir dans une poêle avec l'huile d'olive pendant une dizaine de minutes. Salez, éteignez le feu et réservez.
- Rincez soigneusement les câpres, dénoyautez et émincez les olives. Mélangez ces deux ingrédients aux aubergines et farcissez-en les poivrons disposés dans un plat allant au four.
- Faites cuire au four pendant 35 minutes environ.
- Servez avec les copeaux de pecorino et les feuilles de basilic.

Crostini à la génoise

Pour 4 personnes

400 g de moules, palourdes et couteaux

1 bouquet de persil plat

Le jus de 1/2 citron

2 baguettes

30 g de beurre

Piment de Cayenne en poudre

C'est une façon inhabituelle mais très appétissante de consommer les fruits de mer. Cette recette pourra également être présentée en apéritif.

• Préchauffez le four à 200 °C (th. 6-7).

• Lavez les moules et immergez les palourdes et les couteaux dans un saladier rempli d'eau froide pendant 30 minutes pour éliminer le sable.

• Coupez les baguettes en tranches de 10 cm environ, puis en deux dans le sens de la longueur. Enlevez une partie de la mie et réservez-la dans un bol.

• Mettez les tranches de pain au four 2 à 3 minutes, puis sortez-les et baissez la température du four à 180 °C (th. 6).

• Ouvrez les mollusques à l'aide d'un couteau, retirez les fruits des coques, mettez-les dans un saladier, ajoutez une pincée de piment de Cayenne et mélangez.

• Mixez la mie de pain réservée. Dans une poêle, faites fondre le beurre et mettez-y à dorer la mie de pain.

• Lavez et hachez les feuilles de persil.

• Distribuez les mollusques sur le pain grillé, saupoudrez avec la mie de pain et le persil et mettez au four pendant 12 minutes.

• Sortez les crostini du four, arrosez de jus de citron et servez chaud.

Conseil : pour vous faciliter la tâche, vous pouvez également ouvrir les fruits de mer dans une poêle couverte et à feu vif.

Tarte aux blettes et lardons

Pour 4 personnes

1 kg de feuilles de blettes ou d'épinards

5 oignons nouveaux

1/2 bouquet de persil plat

140 g de lardons

70 g de parmesan fraîchement râpé

1 gousse d'ail

270 g de farine

50 g de saindoux

4 cuill. à soupe d'huile d'olive

Sel, poivre du moulin

Il s'agit d'un plat typique de la province de Reggio d'Émilie (au nord de l'Italie). Épinards, petits oignons du jardin et Parmigiano Reggiano constituent cette tarte de tradition paysanne.

• Versez la farine sur un plan de travail, avec le saindoux et une pincée de sel.

• Travaillez la pâte en ajoutant autant d'eau que nécessaire pour qu'elle soit douce et élastique. Faites-en une boule, couvrez-la avec du film alimentaire et laissez reposer dans un endroit tiède pendant 30 minutes.

• Épluchez l'ail et les oignons nouveaux, lavez et essorez les feuilles de persil. Hachez les oignons. Réservez.

• Lavez soigneusement les blettes et plongez-les dans une petite quantité d'eau frémissante salée pendant 10 minutes environ. Égouttez soigneusement, émincez.

• Hachez très finement les lardons avec l'ail et le persil. Réservez la valeur d'1 cuillerée à soupe.

• Faites revenir le reste du mélange lardons, ail, persil dans une poêle avec l'huile et les oignons nouveaux. Quand les oignons ont blondi, enlevez la poêle du feu, ajoutez les blettes, le parmesan, du sel, du poivre et mélangez intimement.

• Préchauffez le four à 200 °C (th. 6-7). Divisez la pâte en deux : 2/3 et 1/3 pour le couvercle. Étalez le plus gros morceau dans un moule de 24 cm de diamètre recouvert de papier sulfurisé, en laissant les bords sortir. Remplissez avec la garniture, étalez sur le dessus le deuxième morceau pour former un couvercle.

• Rabattez les bords vers l'intérieur et pincez tout autour de façon à souder. Avec la cuillerée de lardons réservés, frottez délicatement le dessus de la tarte. Mettez dans le four pendant 1 heure environ et savourez tiède.

Coquilles Saint-Jacques à la vénitienne

Pour 4 personnes

4 coquilles Saint-Jacques

1 bouquet de persil plat

1 gousse d'ail

1 grande tranche de pain de mie mixée

4 cuill. à soupe d'huile d'olive extra-vierge

Sel, poivre du moulin

C'est une recette simple et légère, que vous pouvez faire suivre de pâtes aux palourdes.

• Demandez à votre poissonnier de vous préparer les coquilles Saint-Jacques et gardez 4 demi-coquilles.

• Préchauffez le four à 210 °C (th. 7).

• Lavez et essorez les feuilles de persil, pelez et dégermez l'ail. Hachez le tout. Réservez.

• Rincez et essuyez soigneusement les coquilles. Disposez-les dans un plat allant au four. Placez chaque coquillage dans une demi-coquille, ajoutez 1/4 de persil, du poivre, du sel, 1/4 du pain de mie et 1 cuillerée à soupe d'huile d'olive.

• Mettez au four pendant 15 minutes environ jusqu'à ce que le dessus des coquilles soit doré.

• Servez sans tarder.

Conseil : vous pouvez également ajouter une demi-cuillerée à soupe de vin blanc sec dans chaque coquille avant de les mettre au four.

Mozzarella en calèche

Pour 4 personnes

2 mozzarella de bufflonne de 125 g pièce

8 tranches moyennes de pain de mie

2 œufs

50 cl de lait

Farine

1l d'huile pour friture

Sel

C'est un antipasto qui plaît beaucoup aux enfants et qui pourra facilement constituer un dîner léger. Dans ce cas, vous pouvez l'accompagner d'une salade.

• Coupez les mozzarella en tranches et mettez-les à égoutter.

• Constituez 4 sandwiches avec le pain de mie et la mozzarella.

• Faites chauffer l'huile dans une friteuse.

• Dans une assiette creuse, battez les œufs avec une pincée de sel, ajoutez le lait et mélangez bien.

• Passez les sandwiches à la mozzarella (y compris les bords) d'abord dans la farine puis dans le mélange œufs-lait.

• Plongez ensuite chaque sandwich dans l'huile bouillante jusqu'à ce qu'il soit doré.

• Retirez-le et égouttez sur du papier absorbant.

• Servez chaud.

Conseil : vous pouvez également ajouter dans chaque sandwich de mozzarella un anchois de Collioure émincé. C'est un régal.

Légumes à la sicilienne

Pour 4 personnes

200 g d'aubergines

100 g de céleri en branches

1 petit poivron jaune

1 petit poivron rouge

2 gousses d'ail pelées

100 g de purée de tomate

1 cuill. à soupe de câpres

15 g de sucre

50 cl de vinaigre de vin rouge

3 cuill. à soupe d'huile d'olive extra-vierge

1 cuill. à soupe de poivre vert en grains

Sel

C'est une variante de la fameuse « caponata siciliana ». Ici, la présence de l'autocuiseur vous permettra de faire un hors-d'œuvre en un temps record.

- Lavez les légumes, coupez les poivrons en deux, enlevez les graines et les filaments. Coupez en dés les poivrons avec les aubergines et le céleri.
- Faites revenir les légumes dans un autocuiseur avec l'huile d'olive et les gousses d'ail entières.
- Ajoutez la purée de tomate, un peu de sel et fermez l'autocuiseur. Comptez 5 minutes à partir de la rotation de la soupape.
- Rincez soigneusement les câpres ; réservez.
- Versez le vinaigre dans une casserole, ajoutez le sucre, faites réduire de moitié, puis ajoutez les câpres et le poivre.
- Dressez vos légumes dans le plat de service.
- Versez la sauce sur les légumes et servez.

Conseil : la caponata se déguste chaude mais aussi froide. Elle est également délicieuse sur des tranches de pain grillé.

Beignets de parmesan

Pour 4 personnes

150 g de parmesan fraîchement râpé

5 œufs

1 cuill. à café de grappa

1 l d'huile pour friture

Sel, poivre

Cette recette pourra s'accompagner d'oignons nouveaux à l'étouffée.

- Faites chauffer l'huile dans une friteuse.
- Séparez les jaunes d'œufs des blancs. Ne gardez que les blancs. Battez en neige ces derniers avec une pincée de sel.
- Ajoutez le parmesan, la grappa, du poivre et mélangez délicatement.
- À l'aide d'une cuillère à soupe, plongez peu de pâte à beignets à la fois dans l'huile bouillante.
- Dès qu'ils sont dorés, égouttez-les et posez-les sur du papier absorbant.
- Vous pouvez servir ces beignets encore chauds ou tièdes.

Vous trouverez la recette des oignons à l'étouffée p. 62.

Canapés à la toscane

Pour 4 personnes

300 g de foies de volaille

1/2 oignon

8 tranches de pain de campagne

4 filets d'anchois à l'huile

1 cuill. à soupe de câpres

1 feuille de laurier

1/2 verre de vin blanc sec

90 g de beurre

Sel

L'usage du « crostini » remonte à l'époque où le service à table n'existait pas. Chacun portait directement la nourriture du plat de service à la bouche. Le pain constituait alors le support indispensable sur lequel on plaçait sauce, morceaux de viande et abats.

- Pelez et hachez l'oignon. Coupez les foies de volaille en petits dés. Réservez.
- Dans une poêle, faites revenir l'oignon émincé dans 50 g de beurre avec la feuille de laurier.
- Ajoutez les foies de volaille, une pincée de sel et poursuivez la cuisson pendant 3 minutes.
- Versez le vin dans la poêle et laissez s'évaporer.
- Enlevez le laurier et transférez le contenu de la poêle dans le bol du mixeur. Ajoutez les anchois, les câpres, et mixez le tout.
- Remettez la crème de foies sur le feu et travaillez-la avec le beurre restant. Mélangez intimement, éteignez et laissez refroidir.
- Faites griller le pain de campagne.
- Étalez la crème de foies de volaille sur le pain et dégustez.

Bruschetta à l'espadon et à la menthe

Pour 4 personnes

4 tranches de pain de campagne

200 g de chair d'espadon frais

3 tomates mûres

4 feuilles de menthe

Le jus de 1 citron

4 cuill. à soupe d'huile d'olive extra-vierge

Sel, poivre du moulin

La menthe s'accorde très bien avec l'espadon. C'est une recette fraîche et légère, tout à fait adaptée à un repas estival.

- Hachez grossièrement l'espadon et assaisonnez-le avec 1 cuillerée à soupe d'huile d'olive, le jus de citron, du poivre et du sel ; réservez.
- Lavez et plongez les tomates dans une casserole d'eau bouillante pendant environ 1 minute, puis pelez-les, épépinez-les et concassez-les grossièrement ; réservez.
- Grillez les tranches de pain.
- Lavez, essorez, puis hachez finement les feuilles de menthe et mélangez-les avec les tomates. Assaisonnez avec 1 cuillerée à soupe d'huile d'olive et du poivre.
- Salez les tomates et répartissez-les sur les tranches de pain.
- Ajoutez l'espadon, du sel, quelques tours de poivre du moulin, un filet d'huile d'olive et servez aussitôt.

Conseil : il est préférable de saler les tomates à la dernière minute pour qu'elles ne rendent pas leur eau.

Émincé de poires et coppa au gorgonzola

Pour 4 personnes

200 g de coppa en tranches

100 g de gorgonzola

4 poires

16 amandes

Le jus de 1/2 citron

40 g de crème fraîche épaisse

Poivre du moulin

Originaire de la région de l'Émilie, la coppa est fabriquée à partir de faux-filet de porc, macéré dans du sel puis mouillé avec du vin et poivré. Elle doit sécher au minimum 6 mois avant d'être consommée.

• Pelez, puis émincez finement les poires ; distribuez les tranches sur le bord de chaque assiette, les unes à côté des autres. Ajoutez quelques gouttes de citron afin qu'elles ne noircissent pas.

• Posez sur chaque assiette 1/4 de la coppa.

• Ôtez la croûte du gorgonzola, coupez le fromage en dés et faites-le fondre dans une poêle à feu doux avec la crème.

• Poivrez, mélangez intimement, versez cette sauce sur les assiettes et garnissez avec les amandes. Servez.

Bruschetta aux poivrons et chèvre frais

Pour 4 personnes

4 belles tranches de pain de campagne

80 g de chèvre frais

2 poivrons rouges moyens

2 poivrons jaunes moyens

Quelques feuilles de basilic

1 gousse d'ail

6 cuill. à soupe d'huile d'olive extra-vierge

Sel, poivre du moulin

Cette délicieuse « bruschetta » pourra également être utilisée en guise d'apéritif.

- Lavez les poivrons et mettez-les à griller au four jusqu'à ce que la peau noircisse.
- Retirez du four. Pelez les poivrons, ôtez le pédoncule, les filaments et les pépins, et coupez en lanières. Réservez dans un petit saladier.
- Pelez, dégermez, hachez l'ail et déchirez à la main le basilic.
- Ajoutez aux poivrons l'ail, le basilic, du sel, du poivre et l'huile d'olive.
- Coupez le chèvre en dés.
- Faites légèrement griller les tranches de pain.
- Distribuez sur chaque tranche de pain une portion de poivrons assaisonnés et une portion de chèvre.
- Agrémentez d'un filet d'huile d'olive et servez.

Conseil : pour peler les poivrons aisément, placez-les après les avoir grillés dans un sachet en papier ou un torchon pendant une dizaine de minutes.

Anchois marinés

Pour 4 personnes

500 g d'anchois très frais

8 citrons

1 bouquet de persil plat

4 gousses d'ail

8 cuill. à soupe d'huile d'olive extra-vierge

C'est un antipasto typique de la cuisine sicilienne. La Sicile, en effet, regorge de poissons, d'herbes aromatiques et de parfums...

- La veille, pelez et dégermez 2 gousses d'ail, écrasez-les grossièrement.
- Nettoyez les anchois : ouvrez-les en deux en laissant les deux moitiés attachées, ôtez avec délicatesse l'arête centrale et tamponnez-les bien avec du papier absorbant.
- Mettez le poisson dans un récipient en plastique, avec le jus de 4 citrons et l'ail.
- Couvrez et placez au réfrigérateur pendant 24 heures.
- Le jour même, lavez et hachez les feuilles de persil préalablement essorées. Pelez les deux dernières gousses d'ail, dégermez et hachez. Réservez.
- Rincez les anchois avec le jus des 4 citrons restants, égouttez bien et assaisonnez avec l'ail et le persil hachés ainsi que l'huile d'olive. Servez.

Légumes à la sauce d'ail

Pour 4 personnes

1 petit chou-fleur

2 poivrons

4 topinambours

4 branches de céleri

1 fenouil

5 gousses d'ail

150 g d'anchois au sel

30 cl d'huile d'olive extra-vierge

50 g de beurre

La « bagna cauda », littéralement « sauce chaude », est un plat du Piémont que les paysans et les vignerons du Moyen Âge cuisinaient pour remercier les forces de la nature.

- Lavez les légumes. Coupez les poivrons en lanières, enlevez les graines et les filaments.
- Lavez et divisez le chou-fleur en petits bouquets. Pelez les topinambours et émincez-les très finement. Coupez le fenouil en quartiers et les branches de céleri en bâtonnets.
- Rincez les anchois à l'eau claire et ôtez-en l'arête centrale. Réservez.
- Épluchez, dégermez l'ail et coupez-le en très fines lamelles. Réservez.
- Faites fondre le beurre sur le feu dans un récipient en terre cuite adapté, ajoutez l'ail et laissez-le se défaire très doucement. L'ail ne doit pas prendre couleur.
- Ajoutez les anchois, l'huile d'olive et mélangez. Laissez fondre les anchois à feu doux pendant une dizaine de minutes.
- Quand la sauce est bien liée, versez-la dans un poêlon à fondue et placez-le sur un réchaud au centre de la table.
- Chaque convive plongera à l'aide d'une fourchette un morceau de légume dans la « bagna cauda ».

Sardines farcies « à la beccafigu »

Pour 4 personnes

800 g de sardines très fraîches

120 g de pain de mie mixé

60 g de raisins secs

50 g de pignons de pain

6 anchois à l'huile

1 bouquet de laurier

Le jus de 1 orange

Le jus de 1 citron

3 cuill. à soupe d'huile d'olive extra-vierge

Sel, poivre du moulin

Littéralement « sardines à la mode de beccafigu ». Le beccafigu est un oiseau très gras et savoureuse qu'on chasse de juillet à septembre et qui se mange farci. Ces sardines prennent le même nom car elles sont aussi savoureuses et grasses que l'oiseau.

• Enlevez la tête des sardines, coupez-les dans le sens de la longueur, retirez l'arête, lavez-les à l'eau claire puis essuyez-les avec du papier absorbant.

• Plongez les raisins dans un bol d'eau bouillante. Émincez les anchois ; réservez.

• Dans une poêle, faites chauffer 2 cuillerées à soupe d'huile d'olive, ajoutez 100 g de pain de mie, une pincée de sel et mélangez à feu doux jusqu'à ce que la mie soit dorée.

• Versez la mie de pain dans un bol avec les pignons, le raisin égoutté et séché, les anchois.

• Badigeonnez d'huile un plat à four de 30 x 18 cm.

• Préchauffez le four à 180 °C (th. 6).

• Disposez les poissons côté peau sur le plan de travail, assaisonnez d'une pincée de sel, de poivre, et distribuez sur chaque sardine une partie de la farce.

• Enroulez les sardines en partant de la tête, de façon que la queue soit sur le dessus et posez-les dans le plat en glissant une feuille de laurier entre chaque.

• Saupoudrez du pain de mie restant, arrosez avec les jus de citron et d'orange.

• Mettez au four pendant une vingtaine de minutes.

• Dégustez-les tièdes, mais elles sont également très bonnes froides le lendemain.

Crème de potiron au jambon de Parme

Pour 4 personnes

200 g de potiron nettoyé

1 échalote

4 fines tranches
de jambon de Parme

1/2 cuill. à soupe de parmesan
fraîchement râpé

1/2 l de bouillon de légumes

2 cuill. à soupe de vin blanc sec

5 cuill. à soupe d'huile d'olive
extra-vierge

Sel, poivre du moulin

En Italie, le potiron est utilisé dans de nombreuses recettes telles que le risotto, la soupe et certains antipasti comme celui-ci.

• Émincez la moitié du potiron et réservez ; coupez en petits dés l'autre moitié et réservez.

• Préparez le bouillon de légumes.

• Préchauffez le four à 230 °C (th. 7-8).

• Dans une poêle, faites revenir l'échalote dans 2 cuillerées à soupe d'huile d'olive, ajoutez le vin et les dés de potiron.

• Mélangez bien pendant 2 à 3 minutes, puis ajoutez le bouillon de légumes, une pincée de sel, du poivre et laissez cuire pendant 15 minutes environ.

• Passez les tranches de jambon au four jusqu'à ce qu'elles deviennent croquantes.

• Dans une seconde poêle, faites revenir le potiron émincé avec l'huile d'olive restante et salez légèrement.

• Ajoutez le parmesan à la crème de potiron, mélangez et éteignez.

• Servez en portions avec le jambon croustillant et le potiron émincé.

Friture d'asperges

Pour 4 personnes

300 g d'asperges

2 œufs

2 dl de lait

130 g de farine

1 l d'huile de friture

2 cuill. à soupe d'huile d'olive extra-vierge

Sel

Légère et délicate, cette friture peut également faire office de finger food dans le cadre d'un apéritif dînatoire.

- Séparez les blancs d'œufs des jaunes. Dans un saladier, battez les jaunes d'œufs avec une pincée de sel, la farine, le lait et l'huile d'olive. Laissez reposer pendant 1 heure.
- Lavez les asperges, séchez-les et retirez les parties fibreuses à l'aide d'un couteau économe ; coupez-les en tronçons de 5 cm environ.
- Faites chauffer l'huile dans une friteuse.
- Battez les blancs en neige et incorporez-les avec délicatesse à la pâte à frire.
- Immergez chaque tronçon d'asperge dans la pâte, puis plongez-les dans la friteuse.
- Égouttez-les une fois dorés et posez-les sur du papier absorbant.
- Servez les beignets chauds.

Tomates cerises au pistou

Pour 4 personnes

16 tomates cerises

16 fruits de câpre

16 feuilles de basilic

1 cuill. à soupe de parmesan fraîchement râpé

1 cuill. à soupe de pecorino (fromage de brebis affiné) fraîchement râpé

1 gousse d'ail

14 cl d'huile d'olive extra-vierge

Sel

Les fruits du câprier, en italien appelés « cucunci », peuvent également être servis à l'apéritif avec leur tige.
Ils représentent une alternative aux olives et autres petits légumes.

- Pelez et dégermez l'ail.
- Lavez et essuyez les feuilles de basilic. Mixez-les avec l'huile d'olive, l'ail et du sel.
- Ajoutez les deux fromages râpés et mélangez intimement.
- Lavez les tomates, coupez la partie supérieure, évidez délicatement l'intérieur, farcissez avec la crème de pistou et couronnez d'un fruit de câpre.
- Disposez délicatement 4 tomates farcies dans 4 verrines et servez.

Conseil : vous pouvez également ajouter sur chaque tomate quelques dés de mozzarella de bufflonne.

Langoustines au Martini®

Pour 4 personnes

12 belles langoustines moyennes

300 g de pousses d'épinards fraîches

2 échalotes

Le jus de 1 citron

1/2 verre à vin de Martini® blanc

60 g de beurre

Sel, poivre du moulin

Vous pouvez faire suivre cet antipasto par une sole cuite au beurre parfumé à la sauge.

- Pelez et hachez les échalotes ; lavez et essuyez les pousses d'épinards.
- Décortiquez les langoustines en laissant le panache de queue.
- Dans une poêle, faites revenir l'équivalent de 1 échalote dans 20 g de beurre.
- Ajoutez les épinards et faites-les cuire pendant quelques minutes à feu moyen, en mélangeant fréquemment.
- Éteignez, salez, poivrez et gardez au chaud.
- Faites fondre le beurre restant à feu doux dans une autre poêle. Ajoutez les langoustines, laissez-les quelques minutes, salez et poivrez.
- Ajoutez le Martini®, que vous laisserez s'évaporer, puis le jus du citron. Faites réduire la sauce jusqu'à ce qu'elle devienne sirupeuse et éteignez.
- Servez en portions les langoustines accompagnées des pousses d'épinards et arrosez avec la sauce.

Tartines aux figues et aux anchois

Pour 4 personnes

4 tranches de pain de campagne

6 figues bien mûres

1 bouquet de ciboulette fraîche

1 gousse d'ail

2 filets d'anchois au sel d'excellente qualité

Huile d'olive extra-vierge

Poivre du moulin

Cet antipasto au goût corsé pourra être suivi d'un tartare de maquereau.

- Rincez soigneusement les anchois et essuyez-les à l'aide d'un papier absorbant. Réservez.
- Pelez les figues et l'ail. Dégermez l'ail. Hachez les figues, les anchois et l'ail ensemble.
- Lavez, essorez et ciselez la ciboulette.
- Grillez le pain de campagne.
- Tartinez les tranches de pain avec la crème de figues.
- Parsemez de ciboulette, ajoutez un tour de poivre du moulin, un filet d'huile d'olive et servez.

Crème de lentilles aux saint-jacques

Pour 4 personnes

8 noix de coquilles Saint-Jacques

8 tranches de lard de Colonnata coupé très fin

1 tige de 10 cm environ de romarin frais

1 échalote

400 g de lentilles en conserve

40 cl de bouillon de légumes

30 g de beurre

1 cuill. à soupe d'huile d'olive extra-vierge

Le lard de Colonnata est issu du dos du cochon. Coupé en morceaux de 4,5 kg, il est entreposé en couches dans des carrières de marbre avec du sel, des épices et des herbes aromatiques pendant 6 mois à 2 ans. Vous trouverez ce produit dans les épiceries fines italiennes.

- Préparez le bouillon de légumes selon les indications portées sur l'emballage. Réservez au chaud.
- Lavez, séchez et hachez les feuilles de romarin. Réservez. Égouttez les lentilles.
- Pelez, hachez l'échalote et faites-la revenir dans une casserole avec l'huile. Ajoutez les lentilles, le bouillon de légumes, couvrez et faites bouillir pendant 10 minutes environ.
- Éteignez le feu, mixez les lentilles, ajoutez le romarin. Réservez au chaud.
- Faites fondre le beurre dans une poêle, ajoutez les noix de saint-jacques et faites-les cuire de 2 à 3 minutes de chaque côté.
- À l'aide d'une fourchette, posez chaque noix de saint-jacques au centre d'une tranche de lard que vous rabattrez de chaque côté de façon à former un petit paquet.
- Versez la crème de lentilles dans les verrines et ajoutez dans chacune 2 noix de saint-jacques au lard de Colonnata. Servez sans tarder.

Araignée à la mode de Trieste

Pour 4 personnes

4 araignées de mer

1 gros bouquet de persil

Le jus de 1 citron

2 gousses d'ail

4 cuill. à soupe de pain de mie mixé

3 cuill. à soupe d'huile d'olive extra-vierge

Sel, poivre du moulin

C'est une recette de Trieste, ville du Frioul. La « Granseola » est une variété d'araignée de mer. En Italie, les meilleures araignées sont pêchées en décembre, avril et mai.

- Pelez et dégermez l'ail, hachez-le avec les feuilles de persil lavées et séchées. Réservez.
- Faites cuire les araignées dans l'eau bouillante pendant 8 à 10 minutes (le temps varie en fonction de la taille et du poids des crustacés). Égouttez et laissez refroidir.
- Préchauffez le four à 170 °C (th. 5-6).
- Détachez les pinces des araignées, extrayez-en la chair et placez-la dans un saladier.
- Ouvrez la carapace de l'araignée dans sa partie inférieure, plus souple, en vous servant d'un couteau ou d'une paire de ciseaux et en prenant soin de garder la partie supérieure intacte. Celle-ci sera utilisée pour la présentation.
- Extrayez la chair de la carapace et mélangez-la à celle des pinces.
- Ajoutez le hachis ail-persil, du sel, du poivre, l'huile d'olive, le jus de citron et 2 cuillerées à soupe de pain de mie. Mélangez.
- Remplissez les 4 carapaces avec cette farce, saupoudrez avec le pain de mie restant et mettez au four pendant 30 minutes environ.
- Servez tiède.

« Cigarillos » de parmesan et speck

Pour 4 personnes

4 tranches de speck

80 g de parmesan fraîchement râpé

1 tige de romarin frais

1 cuill. à soupe de farine de maïs

Le mélange romarin-parmesan s'accorde à merveille avec le speck qui est un jambon fumé du nord de l'Italie.

- Lavez, essuyez et hachez les feuilles de romarin. Réservez.
- Coupez les tranches de speck en deux. Réservez.
- Incorporez la farine de maïs et le romarin haché au parmesan.
- Choisissez une poêle antiadhésive que vous mettrez à chauffer sans matière grasse. Étalez-y au centre 1/8e du mélange parmesan, maïs, romarin. Faites cuire à petit feu.
- En fondant, le fromage prendra la forme d'une galette. Dès que la galette est formée, retournez-la et laissez-la cuire encore quelques secondes.
- Ôtez la galette du feu quand elle est encore claire, déposez-la sur une planche en bois et recouvrez-la d'une demi-tranche de speck.
- Formez un cigarillo avec le speck à l'extérieur.
- Préparez de la même façon 7 autres cigarillos et servez aussitôt.

Rouleaux de bresaola et pistaches

Pour 4 personnes

8 tranches de bresaola

150 g de fromage de chèvre frais

Cerfeuil, ciboulette (en tout, un petit bouquet)

20 g de pistaches non salées

1/2 cuill. à soupe d'huile d'olive extra-vierge

Sel, poivre du moulin

La bresaola della Valtellina est la plus connue des « viandes salées » italiennes. D'origine médiévale, elle a obtenu en 1996 le label communautaire IGP (Indication géographique protégée).

- Lavez et hachez les feuilles de cerfeuil et la ciboulette. Réservez.
- Pelez et hachez les pistaches. Réservez.
- Mélangez intimement le fromage de chèvre avec l'huile.
- Ajoutez les herbes aromatiques, les pistaches, mélangez, salez et poivrez.
- Déposez les tranches de bresaola sur une planche en bois et tartinez-les avec la crème au fromage de chèvre.
- Formez des rouleaux et servez.

Conseil : vous pouvez garder quelques pistaches entières et une partie de la farce pour décorer les rouleaux de bresaola.

Duo de crèmes gourmandes

Pour 4 personnes

100 g de ricotta

50 g d'amandes avec leur peau

1/2 bouquet de basilic

20 g de pistaches pelées non salées

8 tranches de pain de campagne grillé

3 cuill. à soupe d'huile de pépins de raisin

1 cuill. à soupe d'huile d'olive extra-vierge

Sel de Guérande, poivre du moulin

Ce savoureux duo de crèmes peut également être accompagné d'une salade verte pour un déjeuner léger.

Pour la crème d'amandes :

- Mixez longuement les amandes avec l'huile de pépins de raisin et du sel de Guérande jusqu'à obtenir une crème.
- Tartinez la crème d'amandes sur les tranches de pain grillé.

Pour la crème de ricotta à la pistache :

- Lavez, séchez et hachez les feuilles de basilic. Réservez.
- Mixez les pistaches. Réservez.
- Dans un bol, mélangez la ricotta avec le basilic et les pistaches. Ajoutez l'huile d'olive, du sel de Guérande, du poivre et mélangez encore.
- Tartinez la crème de ricotta sur les tranches de pain grillé.

Verrine d'aubergine, ricotta et tomates cerises

Pour 4 personnes

500 g d'aubergines

12 tomates cerises

16 feuilles de basilic frais

200 g de ricotta

15 g de pignons de pain

6 cuill. à soupe d'huile d'olive extra-vierge + 1 filet pour l'assaisonnement

Sel, poivre du moulin

Dans cette recette, il y a l'harmonie de la ricotta avec la crème d'aubergine et les pignons grillés. Le tout agrémenté du subtil arôme du basilic...

• Faites cuire au four les aubergines avec leur peau à 200 °C (th. 6-7) pendant 40 minutes environ.

• Lavez, coupez les tomates cerises en deux et réservez.

• Coupez la ricotta en dés, grillez les pignons dans une poêle antiadhésive sans ajout de matière grasse. Réservez.

• Pelez les aubergines, et mixez la pulpe avec 6 cuillerées à soupe d'huile d'olive, du sel et du poivre.

• Répartissez la mousse d'aubergine dans les verrines.

• Ajoutez dans chaque verrine 1/4 de la ricotta, 3 tomates cerises, une pincée de pignons, 4 feuilles de basilic, du sel, deux tours de poivre, un filet d'huile d'olive et servez.

Carpaccio de filet de bœuf et ses crudités

Pour 4 personnes

400 g de filet de bœuf

150 g de fenouil

50 g de poivron rouge

50 g de céleri en branches

50 g de roquette

1 piment frais

Le jus de 1 citron

7 cuill. à soupe d'huile d'olive extra-vierge

Sel, poivre du moulin

C'est un antipasto frais et léger qui s'adapte bien à un dîner estival.

- Lavez, coupez en dés tous les légumes et mettez-les dans un saladier. Réservez.
- Coupez le filet de bœuf en lanières et réservez.
- Mélangez la moitié du jus de citron, du sel, du poivre, 2 cuillerées à soupe d'huile et assaisonnez les légumes avec cette émulsion.
- Coupez le piment en deux, retirez-en soigneusement les graines et émincez-le. Réservez.
- Lavez, essorez et émincez la roquette. Faites-la cuire à feu doux pendant 3 minutes avec 5 cuillerées à soupe d'huile, le piment et une pincée de sel. Mixez en ajoutant le jus de citron restant.
- Transférez les légumes dans un grand plat de service, ajoutez le filet de bœuf, assaisonnez avec la sauce à la roquette, mélangez et servez.

Crudités à l'huile d'olive

C'est une excellente mise en bouche, et sa composition peut varier au fil des saisons et des légumes à disposition. Le succès de ce plat simple et savoureux dépend de deux éléments essentiels : la fraîcheur des légumes et surtout une huile d'olive de toute première qualité. Les légumes crus et en morceaux sont servis accompagnés d'un bol contenant une sauce composée d'huile, de jus de citron, de sel et de poivre dans laquelle on les trempe.

Oignons nouveaux à l'étouffée

Pour accompagner vos beignets de parmesan.

Ingrédients : 6 oignons nouveaux, 30 g de beurre et une pincée de sel.

• Coupez les oignons nouveaux dans le sens de la longueur et faites-les cuire à feu doux pendant 10 minutes environ avec une pincée de sel et le beurre.

Bruschetta au carpaccio de thon

Ingrédients : 4 tranches de pain de campagne grillé, 300 g de thon très frais, 50 g de roquette, 2 citrons, 5 cuill. à soupe d'huile d'olive, sel, poivre.

• Coupez le thon en tranches très fines, et faites-le mariner avec une émulsion de jus de citron, d'huile, de sel et de poivre. Réservez pendant 20 minutes. Lavez et hachez grossièrement la roquette. Déposez les tranches de thon sur le pain, parsemez de roquette et dégustez.

Roulades de bresaola au pamplemousse rose

Ingrédients : 8 tranches de bresaola, 1 pamplemousse rose, poivre blanc.

• Pelez le pamplemousse à vif et coupez-le en quartiers. Enroulez chaque tranche de bresaola. Ajoutez une pincée de poivre, enfilez sur des piques en bois et servez.

Sauce pour carpaccio à la japonaise

Ingrédients : 320 g de carpaccio de veau, 3 cuill. à soupe de sauce soja, 3 cuill. à soupe de vin blanc, 1/2 citron, 3 cm de gingembre frais râpé.

• Étalez la viande sur une assiette. Dans un bol, fouettez ensemble le citron, le vin, la sauce soja, le gingembre râpé.

• Versez la sauce sur la viande et servez.

Canapés au poivron jaune et aux anchois

Ingrédients : 2 tranches de pain de campagne, 1 poivron jaune nettoyé et coupé en lanières, 2 anchois de Collioure, 20 g de beurre, 1 gousse d'ail dégermée, sel.

• Faites griller le pain et coupez chaque tranche en 4 parties. Chauffez le beurre dans une poêle, faites revenir l'ail puis retirez-le. Ajoutez les anchois égouttés, que vous ferez fondre. Transférez la sauce dans un bol et gardez-la au chaud. Dans la même poêle, faites revenir à feu doux les lanières de poivron pendant 10 minutes environ. Ajoutez une petite pincée de sel, mélangez et éteignez le feu.

• Tartinez les tranches de pain de beurre à l'anchois, puis ajoutez les lanières de poivron. Servez.

Tomates séchées à l'huile

Ingrédients : 150 g de tomates séchées, 1/2 cuill. à soupe de menthe lavée et hachée, 1 gousse d'ail dégermée et finement émincée, 1 l de vinaigre de vin blanc, 20 cl d'huile d'olive extra-vierge.

• Plongez les tomates dans une casserole d'eau bouillante pendant quelques minutes, puis égouttez-les et essorez-les. Faites bouillir le vinaigre dans un faitout, versez les tomates, les feuilles de menthe, l'ail. Faites cuire pendant une dizaine de minutes. Égouttez les tomates, étalez-les sur un torchon propre et faites-les sécher pendant 12 heures.

• Versez les tomates dans des boîtes en verre et recouvrez-les d'huile. Attendez 2 mois environ avant de les consommer.

Index des recettes

Anchois marinés 33

Araignée à la mode de Trieste 50

Beignets de parmesan 22

Bruschetta au carpaccio de thon 62

Bruschetta à l'espadon et à la menthe 26

Bruschetta aux poivrons et chèvre frais 30

Canapés au poivron jaune et aux anchois 63

Canapés à la toscane 25

Carpaccio de filet de bœuf et ses crudités 61

« Cigarillos » de parmesan et speck 53

Coquilles Saint-Jacques à la vénitienne 17

Crème de lentilles aux saint-jacques 49

Crème de potiron au jambon de Parme 38

Crostini à la génoise 13

Crudités à l'huile d'olive 62

Duo de crèmes gourmandes 57

Émincé de poires et coppa au gorgonzola 29

Friture d'asperges 41

Langoustines au Martini® 45

Légumes à la sauce d'ail 34

Légumes à la sicilienne 21

Mozzarella en calèche 18

Oignons nouveaux à l'étouffée 62

Poivrons farcis aux légumes 10

Roulades de bresaola au pamplemousse rose 62

Rouleaux de bresaola et pistaches 54

Salade tiède de la mer 6

Sardines farcies « à la beccafigu » 37

Sauce pour carpaccio à la japonaise 63

Tarte aux blettes et lardons 14

Tartines aux figues et aux anchois 46

Tomates cerises au pistou 42

Tomates séchées à l'huile 63

Verrine d'aubergine, ricotta et tomates cerises 58

Verrine de mousse de morue à la vénitienne 9

Dans la collection

NOUVELLES VARIATIONS GOURMANDES

SOLAR
EDITIONS